NOTICE BIOGRAPHIQUE

SUR

M. CHARLES VIGUERIE;

PAR

M. le Professeur LAFOSSE,

Membre de la Société d'Agriculture de la Haute-Garonne.

TOULOUSE,
IMPRIMERIE CH. DOULADOURE:
ROUGET FRÈRES ET DELAHAUT, SUCCESSEURS,
Rue Saint-Rome, 39.

1868.

NOTICE BIOGRAPHIQUE

SUR

M. CHARLES VIGUERIE ;

Par M. le Professeur LAFOSSE [1],

Messieurs,

Si le culte fructueux des intérêts égoïstes était pour vous la preuve la plus convaincante du véritable mérite, j'éprouverais un sérieux embarras pour m'acquitter du douloureux devoir que vous m'avez fait l'honneur de m'imposer. Mais, dans cette assemblée d'esprits élevés dominent, j'en ai la ferme conviction, des sentiments tout contraires : la réunion du talent aux qualités de l'esprit et du cœur, l'abnégation du moi, l'individualité agissant principalement au profit de tous, telles sont plutôt, à vos yeux, les véritables titres de noblesse de l'être moral ; dès lors, je n'éprouve aucune inquiétude, car je n'ai plus qu'à vous montrer jusqu'à quel point, médecin ou agronome, les posséda tous, celui dont nous déplorons la perte.

Si Charles Viguerie reçut de la nature les dispositions internes qui furent le germe de ses qualités, il faut bien reconnaître que leur développement tint, pour une bonne part,

---

[1] Que MM. Augustin Viguerie, Laforgue et Borel, veuillent bien agréer mes remercîments très-sincères, pour l'obligeance empressée avec laquelle ils m'ont fourni les documents qui ont servi à la rédaction de cette notice

L. F.

au milieu dans lequel il naquit et au sein duquel se passa sa jeunesse. C'est en 1810 qu'il vit le jour ; son père, Bernard-Pascal Viguerie, était alors à la tête d'une des maisons de banque les plus considérées du Midi et d'une fortune aussi importante qu'honorablement acquise.

Son oncle, Charles-Guillaume Viguerie, mettait au service d'une clientèle d'élite, et du plus important de nos hospices, ce talent chirurgical qui, en des jours de douloureuse mémoire, étonnait les chirurgiens de l'armée anglaise, habitués à croire leur île en possession du sceptre de l'art.

Tout lui souriait donc à son berceau, puisqu'il y trouvait ce double patrimoine de l'intelligence et de la fortune, qui imposent aussi leurs obligations, et stimulent, en tout cas, les jeunes intelligences, en même temps qu'elles leur fournissent des moyens de culture.

On put deviner, dans ses premières manifestations, les indices d'aptitudes remarquables pour tous les travaux de l'esprit ; aussi son oncle, psychologiste clairvoyant autant que chirurgien habile, put-il discerner dans l'enfant un successeur digne de la réputation que l'homme avait déjà conquise.

A 10 ans, le jeune Viguerie entrait au collège Henri IV, où il trouva des condisciples qui se sont distingués dans différentes carrières.

Ses succès dans les études littéraires, aussi bien que dans celle des beaux arts, préludèrent aux palmes qu'il devait cueillir dans le cours de ses études scientifiques.

Il n'était guère possible d'entreprendre ces dernières au milieu d'un concours de conditions plus propres à inspirer à la jeunesse le goût des grands efforts :

La France se trouvait alors dans une nouvelle crise de ce grand travail de transformation que la fin du précédent siècle a vu commencer avec un si terrible éclat, et dont la fin reste dans les secrets de l'avenir. Les esprits se surexcitaient et grandissaient dans la lutte. Nos tribunes parlementaires faisaient entendre des prodiges d'éloquence. Le criticisme allemand s'introduisait dans nos chaires philosophiques.

La littérature rompait avec le passé et fondait une école nouvelle. De hardis novateurs essayaient d'entraîner les sociétés dans des voies nouvelles ; sortant du domaine de la théorie, ils allaient jusqu'à pratiquer leurs systèmes et n'arrivaient heureusement qu'à en révéler la fragilité. Ce remarquable mouvement électrisait toute la jeunesse de l'époque et l'entraînait à l'unisson. Aussi, dans quelque voie que s'engageassent les vocations individuelles, arrivaient-elles à s'imprégner de l'esprit qui animait le pays entier.

C'est au milieu du conflit qui vit s'écrouler un trône que Charles Viguerie entreprit ses études médicales ; nous allons voir qu'en cette grave circonstance encore il rencontrait les conditions les plus propices.

Ces écoles fameuses, où se donne en France l'instruction professionnelle, ne s'étaient pas immobilisées au milieu du mouvement général ; elles aussi voulaient s'affranchir des méthodes anciennes: elles sortaient des voies spéculatives et cherchaient à résoudre par l'observation, et surtout par l'expérimentation, les problèmes qui restaient debout devant les efforts des systèmes. Par les essais sur le vivant, par l'investigation poursuivie après la mort comme pendant la maladie, une sage application de la méthode numérique, on arrivait en médecine à réduire à néant des doctrines brillantes, mais sans fondements solides, et à produire quelques vérités. — La chirurgie demandait aussi à des expériences sur les animaux des explications et de nouveaux procédés opératoires ; on suivait la même marche pour l'étude des médicaments et des poisons. Une pléiade de professeurs, tous déjà célèbres ou qui devaient le devenir distribuaient avec une louable ardeur, à une jeunesse avide, les fruits de leurs recherches et de leur érudition.

Viguerie montra bientôt tout ce qu'il avait acquis dans un pareil milieu ;

Son ardeur au travail lui ouvre dès les premières luttes les portes de l'internat. Le voilà donc au sein de cette pépinière où se recrute l'élite du corps médical. — C'est à la Pitié qu'il se forme à l'observation clinique sous ce judicieux et savant professeur Louis, qui eut l'honneur de contribuer, pour une si grande part, à faire revenir le public médical de l'engouement où l'avait plongé le système du fameux Broussais.

En 1837, ses études médicales sont terminées ; il revient dans sa ville natale. Une place de chirurgien adjoint est vacante à l'hospice Saint Jacques ; elle doit échoir au plus méritant. Viguerie est déjà précédé d'une telle réputation qu'aucun concurrent n'ose lui disputer la palme. Il étonne ses juges par l'étendue et la variété de ses connaissances, par la méthode, la clarté de son exposition, la justesse, la pénétration de ses aperçus, et il n'est plus douteux pour personne qu'il est appelé à égaler, sinon à surpasser son oncle, qui est arrivé alors au faîte de sa réputation médicale.

Quelques années plus tard, ce vétéran, en apparence plein de séve, mais trop judicieux pour ne point se défier de soudaines défaillances, quitte les travaux de la chaire, emportant les regrets unanimes de ces jeunes hommes empressés de se nourrir des fruits de son expérience. On sait que le conseil d'administration des Hospices lui témoigna son estime en lui décernant ses plus hautes distinctions ; il est encore dans la mémoire de tous que le suffrage de ses concitoyens l'avait élevé au premier rang de l'édilité et que, pour perpétuer le souvenir de ses éminents services, son nom fut donné à l'une de nos voies publiques.

C'est à l'homme si haut placé dans l'estime de ses concitoyens qu'il fallait trouver un successeur.

Les fonctions dont Charles Viguerie était investi, la distinction avec laquelle il s'en était acquitté, le désignaient d'avance au choix de ceux qui disposaient des grades laissés vacants ; c'est à lui qu'ils furent décernés.

Le nouveau professeur et chirurgien en chef prouva bientôt, à ceux qui l'avaient appelé à ces honorables fonctions, combien ils avaient été heureusement inspirés dans leur choix. Une voie plus autorisée que la mienne dira, dans une autre enceinte, les éminentes qualités qu'il fit briller dans la chaire et dans l'amphithéâtre, mais je ne puis taire cependant l'impression générale qu'il y a produite, ni l'esprit qui a dominé sa pratique.

Différent en cela de ces opérateurs qui ne peuvent résister à l'attrait des tentatives brillantes mais périlleuses, qui font la réputation du chirurgien, pas toujours au plus grand profit du malade, il reste assez maître de lui-même pour s'inspirer par dessus tout de l'intérêt du patient. Le prestige auquel il aspire est celui de conserver les organes et de les rétablir autant que possible dans leurs aptitudes fonctionnelles; c'est à ces louables principes qu'il s'applique à former l'auditoire qui l'entoure.

Aussi devient-il bientôt l'objet d'une sorte de fétichisme dans les salles de son service. Ce trait de sa carrière médicale, qui fait le plus bel éloge des qualités de son cœur, nous le verrons se reproduire plus tard dans sa vie agricole.

Mais, hélas ! tant de qualités ne devaient pas rester longtemps au service des infirmités humaines et de la science. Dès le début de sa carrière, son zèle pour l'enseignement médical avait failli lui être funeste ; une piqûre anatomique l'avait mis aux portes du tombeau ; grâce aux secours aussi affectueux que savants de son oncle il fut arraché à une mort imminente. Toutefois, l'organisation naturellement délicate de Viguerie fut fortement ébranlée par cet accident; aussi, bien que rétabli en apparence, ne put-il résister aux fatigues de toutes sortes que lui imposaient ses fonctions officielles et la nombreuse clientèle qui réclamait ses soins.

Bientôt il ne fut plus permis de douter que l'un de ses organes vitaux était envahi par une maladie lente, mais qui laisse bien rarement échapper ses victimes ; et le voilà contraint de résilier ses fonctions, en même temps qu'il se démettait de l'exercice médical.

Quelque douloureuses et regrettables que fussent ces déterminations à divers égards, elles ne furent pas sans compensation, puisque nous leur avons dû le collègue éminent que vous avez tous connu, et dont je retrace la carrière, uniquement pour qu'elle prenne place dans nos annales et se perpétue ainsi dans l'avenir.

Dans notre France, qui se croit à la tête du progrés en toutes choses, nous avons vu passer l'ombre d'un haut enseignement agricole. Des conceptions grandioses d'un ministre agronome, dont tant d'actes ont révélé les hautes capacités, il est resté quelques instituts, utiles sans doute; mais on se demande pourtant s'ils sont bien de tous points proportionnés à la mission qui leur est dévolue. Aussi sont-ils rares les hommes en possession de toutes les connaissances qu'exige la pratique raisonnée de l'économie rurale. Je ne crois pas exagérer en disant que Viguerie les réunissait à un rare degré, et c'est à elles, si je ne m'abuse, qu'il dût d'être conduit dans cette voie expérimentale qui exerce une attraction à la fois si séduisante et si redoutable sur les esprits d'élite, aux prises avec un art qui ne repose guère encore aujourd'hui que sur des données empiriques, bien que çà et là on y voie pénétrer quelques-uns des principes des sciences nombreuses dont se composera un jour son domaine.

A quoi Viguerie dût-il cette initiation exceptionnelle? Quelque paradoxal que puisse paraître un tel avis, j'ai la conviction d'être dans le vrai en l'attribuant à ses études médicales. Et, en effet, que sont les plantes et les animaux que l'agriculture a la charge de produire? pas autre chose que la représentation imparfaite de cet organisme plus complet dont la connaissance est la base de la science médicale. A un point de vue philosophique, on peut du reste dire que tous, en dernière analyse, se réduisent à un même et unique élément, et enfin que les mêmes lois président à la procréation et au développement des uns et des autres.

Or celui qui avait pénétré dans tous les secrets de l'organisation et des fonctions de notre espèce, qui savait les sources de son perfectionnement physique et moral, aussi bien que les causes et les remèdes de ses infirmités, n'avait-il pas toutes les aptitudes propres à saisir les principes sur lesquels repose l'art de multiplier, de conserver et de perfectionner les animaux et les plantes? Si sans doute ; du reste , toute sa conduite l'atteste , et je me propose d'en fournir les preuves dans l'exposé qui va suivre :

C'est sur le domaine de Madron , se composant de 90 hectares , que Charles Viguerie va utiliser ce reste d'activité que lui laisse encore sa cruelle maladie. Cette exploitation était , depuis quelques années , sous la gestion pleine d'une louable réserve de son frère, M. Augustin Viguerie, lorsqu'il se chargea lui-même de l'administrer ; on y pratiquait l'assolement triennal , qui conduisait à des revenus modestes , mais sans péril.

La part trop forte qu'il laissait à la jachère , avait attiré sur cet assolement une réprobation presque générale. Un premier pas est fait dans la voie rationnelle par l'installation d'un assolement de six ans , comprenant trois récoltes de céréales variées. Pour remédier à l'insuffisance forcée des engrais, qu'amenait cette subite substitution, l'enfouissement de fourrages verts précède et prépare l'introduction du bétail exigé.

Mais ce système n'était que l'acheminement vers celui qui consiste à élever les forces productives du sol à leur maximum de puissance, et qui, seul, pouvait satisfaire les vues élevées du nouvel agronome. Bien des difficultés sont à vaincre pour en atteindre la réalisation ; mais une âme forte restait dans le corps affaibli de Viguerie : rien ne put le détourner de son but.

Il faut , pour la réussite d'un tel dessein , appeler à son secours toutes les influences physiques et chimiques favorables de l'atmosphère, écarter toutes celles qui peuvent nuire.

La pluie, météore bienfaisant ou dévastateur, suivant l'état que lui présente la surface du sol, est d'abord l'objet de ses préoccupations ; nulle part elle ne doit rester stagnante lorsqu'elle arrive en abondance ; nulle part elle ne doit raviner des pentes trop rapides. Un écoulement bien calculé en cas d'excès, une absorption complète, en cas de suffisance et surtout de rareté , telles sont les conditions auxquelles on satisfait d'abord par une disposition générale et uniforme en pente douce , à quelques dépenses qu'elle doive entraîner. Le drainage intervient au besoin pour remédier aux différences inévitables de perméabilité du sol sur une grande superficie. Dans la terre ainsi préparée, l'air doit, aussi bien que la pluie, trouver un facile accès. Les grains qu'elle va recevoir doivent la trouver au degré d'ameublissement convenable pour une naissance facile et une profonde implantation de leurs racines. Il faut enfin que chaque plante y arrive à tout son développement possible sans gêne pour ses voisines, qu'elle soit débarrassée, pendant toute sa végétation, d'épuisants parasites, et qu'enfin on entretienne à ses pieds un état de perméabilité qui favorise l'absorption des principes fertilisants qui lui arrivent du ciel. Un outillage complet va satisfaire à toutes ces exigences.

Les charrues de Dombasle, de Lacroix, de Rouquet ; la défonceuse Guibal ; les grapins ou fouilleuses ; les scarificateurs ; les herses Valcour, Dombasle ; les rouleaux Croskil, squelette, à pointes ; les semoirs Hugues, à lanterne, Manin ; les houes à cheval interviennent à mesure qu'ils voient le jour, car on veut mettre tout progrès à profit pour la réussite de l'entreprise.

La production des engrais exige, outre le bétail, des *locaux* où il trouvera l'espace, l'air indispensable à la santé, les agencements divers les plus propices à l'utilisation des aliments, au bon aménagement des fumiers. Ils sont établis dans de larges proportions et de manière à satisfaire aux exigences les plus rigoureuses de l'hygiène, pour toutes les espèces qui vont bientôt peupler le domaine.

Le choix du bétail est d'une importance capitale, à cause du rôle complexe qui lui est dévolu, comme force motrice, producteur d'engrais et matière industrielle.

Suivant l'antique méthode, qu'adoptent actuellement les contrées les plus avancées, le bœuf reste l'agent principal des travaux de culture, le cheval intervient surtout pour les transports qui exigent encore plus de rapidité que de force. On est à la porte d'une grande ville, la vache laitière et le porc répondront aux exigences industrielles.

On introduit d'abord les races laitières de l'Ariége et des Hautes-Pyrénées, qui ont bien leur mérite; mais l'expérience, d'accord avec les principes de zootechnie, apprend qu'à poids égal elles exigent, pour un égal produit, une ration d'entretien et de production supérieure à celle qui suffit aux grandes races du Nord : elles sont délaissées, et les étables se peuplent de vaches Hollandaises et Suisses; des mesures sont prises pour que le troupeau s'entretienne, sans obligation de recourir à des importations nouvelles.

Il importe que l'aliment distribué cède, dans toute la limite du possible, sa matière alibile aux organes assimilateurs : il va être préparé dans ce but par le hache-paille, le coupe-racines; il passera au besoin dans les cuves à fermentation ou les chaudières à cuisson.

Une ingénieuse combinaison avait été conçue pour l'alimentation des porcs; on mit ses instincts digestifs à profit pour l'utilisation de la chair de cheval; mais, ici, on se heurta contre un préjugé qui doit faire réfléchir nos hippophages modernes : le porc ainsi nourri fut repoussé de la consommation.

Quoi qu'il en soit, Viguerie parvint bientôt à suffire à toutes les exigences alimentaires d'une moyenne de 40 laitières, de 300 porcs, de 6 à 8 paires de bœufs et de chevaux de travail; il arrivait ainsi à ce chiffre classique d'une tête de gros bétail par hectare, recommandé par tous les agronomes modernes, et qui semble encore chimérique à de trop nombreux praticiens.

Les détails les plus insignifiants en apparence, mais dans lesquels sa perspicacité lui fait entrevoir de féconds résultats, n'échappent pas à son contrôle : il a contribué à mettre en lumière la différence qui existe dans la proportion de beurre dont se compose le lait, au commencement et à la fin de la mulsion.

Vous croyez peut-être qu'il avait assez fait pour la production des matières fertilisantes. Il n'en est rien; il veut, dominé par ses idées sur la culture intensive, sonder les dernières limites des facultés productives du sol, et ne néglige rien , ni avances de fonds , ni appareils, pour se procurer des engrais artificiels, et notamment les déjections humaines.

C'est ainsi qu'il arrive à ces rendements considérables de 34 hect. de blé, 60 hect. d'avoine, et de 40 hect. de colza par hectare.

Il serait long d'insister sur tout ce qu'il a fait pour le bon aménagement et la confection de ses matières fertilisantes au moyen de ses fosses à fumier, de ses pompes à purin ; j'ai hâte de vous donner une dernière preuve de cet esprit d'investigation qui était le moteur et le régulateur de toutes ses entreprises.

La sécheresse , si souvent excessive de nos brûlants étés , amène bien des mécomptes dans la production fourragère ; aussi songea-t-il à l'irrigation des soles affectées à cette destination. Les nivellements déjà opérés devaient singulièrement favoriser cette pratique ; mais, si l'on disposait d'un certain volume d'eau , fourni par le cours inconstant de l'Hers, il n'était pas sans difficulté de le faire parvenir sur les parties les plus hautes , qui devaient se montrer les plus sensibles à son action On eut d'abord recours à une machine hydraulique à manége, que devait plus tard remplacer une locomobile , depuis un certain temps employée au battage.

Mais l'irrigation , pas plus que les autres opérations , ne devait rester à l'état de pratique empirique ; là encore devaient pénétrer les données de la science. Des analyses, pour lesquelles le concours d'un savant collégue avait été utilisé , avaient éclairé sur les variétés de composition chimique des eaux suivant les saisons, et l'on pouvait ainsi déduire l'opportunité de les répandre sur le sol pour qu'elles y amènent , indépendamment de l'humidité, les éléments minéraux ou organiques réclamés par la nature des plantes ; au besoin , les mesures étaient prises pour les faire servir au lavage des fumiers, dont elles devaient ainsi, sans nouveaux frais , porter les parties fertilisantes à leur destination.

Il serait superflu de rechercher dans la gestion intime de son domaine des preuves plus convaincantes du mérite agronomique de Vignerie ; je les complète par l'indication des p euves apparentes que vous lui en avez données et qu'il a reçues de l'administration.

Vous l'avez récompensé, en 1849, pour ses succès dans la culture des plantes oléagineuses.

En 1856, vous l'avez élevé à la plus haute dignité que vous puissiez décerner, en l'appelant à présider vos séances.

Quelques années plus tard, vous lui decérniez la prime des domaines, témoignant ainsi de l'approbation que vous donniez à ses efforts.

Dans toutes vos grandes solennités agricoles, où il s'agit de discerner et de récompenser le mérite de ceux qui partagent vos travaux, vous lui confiiez les rôles les plus honorables.

Lorsque en 1856 la France presque entière fut ravagée par ces inondations, qui éveillèrent à si juste titre une auguste sollicitude, il fut un des plus chaleureux promoteurs des mesures à prendre pour prévenir de pareils désastres. A cette époque, il était déjà président du Syndicat de l'Hers. Bientôt, grâce à son énergique et habile initiative, ce ruisseau torrentueux est agrandi, creusé, redressé sur un parcours de 64 kilomètres, et, non-seulement, il est désormais maintenu captif dans son lit, mais encore, une grande surface du terrain qui en forme les rives, à l'état de marécage malsain et improductif, est rendu à de riches cultures.

Viguerie fut-il récompensé de tant de mérite et d'efforts combinés par l'augmentation de sa fortune? il serait puéril de déguiser la vérité sur ce point. J'essaierai de la mettre dans tout son jour, en recherchant, entre les opinions extrêmes, un milieu également éloigné de toute exagération.

Personne n'ignore de quel cachet de lenteur sont forcément marquées toutes les améliorations en agriculture : les idées, les forces de toutes sortes, les éléments, tout semble se coaliser pour en retarder l'essor.

D'un autre côté, chacun sait aussi le capital considérable exigé pour élever subitement la culture d'un domaine du minimum au maximum de produit brut, et les facilités d'absorption qui lui sont ouvertes.

Tout concourut-il du reste à faciliter le progrès qu'il serait impossible de lui communiquer une grande vitesse. La terre n'est pas une mère ingrate ; elle donne, mais tardivement, ses fruits les plus abondants à ceux qui la cultivent ; on n'improvise pas tout à coup des moyens économiques de production, ni surtout d'avantageux débouchés.

Les dix années que Viguerie a consacrées exclusivement à l'agriculture suffisaient à peine à une installation de son système, assez pleine et entière pour lui permettre d'en recueillir le fruit. La mort l'a frappé au moment ou il touchait le but ; mais il n'en résulte pas moins qu'il a laissé dans son domaine des sources de richesse, qui ne demandent qu'à jaillir sous la main d'un administrateur éclairé, comme l'attestent les rendements considérables déjà obtenus.

Ce résultat, nous le savons, pouvait-être atteint par une marche progressive ; l'observation pouvait prendre une partie de la place qu'absorbait l'expérimentation ; oui, sans doute, au point de vue d'un positivisme exclusif! Mais, pour bien juger les actes d'un homme, il faut sonder à la fois tous les replis de son état physique et moral, et faire entrer en ligne de compte ses conditions sociales. Viguerie, agriculteur et médecin, pénétré des ravages opérés dans ses organes essentiels, plein de passion pour son œuvre, en poursuivait la réalisation avec une ardeur qui ne dut pas être exempt d'impatience. Sa fortune personnelle et celle de ses proches lui donnaient pour l'exécution des facilités irrésistibles ; il n'avait pas de successeur direct, et ne pouvait être tempéré par ces instincts paternels qui influent si puissamment sur les actions humaines. Je m'explique donc qu'au milieu d'un tel concours de conditions il ait été guidé bien plus par des vues scientifiques que par des vues économiques.

Du reste, avouons-le sans crainte de ternir en rien le souvenir qui doit lui survivre, s'il possédait tout ce qui constitue le savant agronome, il n'avait peut-être pas entièrement ce que les positivistes appellent les qualités de l'administrateur accompli.

Il ne possédait certainement pas cette fermeté, non exempte

d'une certaine nuance de dureté, qui exprime du travailleur toute la somme disponible de ses forces, et qui distribue, non sans parcimonie, le salaire. Chez lui, les excès de travail étaient inconnus. En visitant son domaine, on est au premier coup d'œil convaincu que cette bonté d'âme, cette abnégation qu'il portait au lit des malades, ne le quittèrent pas dans sa gestion agricole. Si l'habitation du maître se distingue de celle des colons et des étables, c'est par sa plus modeste apparence.

Et, dans les transactions, était-il possible que, descendant de ses hauteurs habituelles, son esprit en vînt à ces ressources infinies, mélange de raison, si l'on veut, mais aussi de finesse, parfois de ruse, qui font conclure les bons marchés?

Ces lacunes, il ne les ignorait pas ; s'il l'eût voulu, il pouvait les combler, et arriver ainsi à réaliser cette foule de petites économies sur les dépenses, de minces bénéfices sur les recettes qui, totalisés sur la durée d'une existence, ont souvent fait, bien plus que la science, la valeur d'agriculteurs en renom.

Et maintenant, que d'autres critiquent la part d'existence que Charles Viguerie a donnée à l'agriculture! Nous qui avons surtout pour mission d'assurer la marche progressive de cette mère nourricière des peuples par le secours de la science, nous serons, j'aime à le croire, unanimes pour reconnaître que nul, parmi nous, n'a tenu plus haut le drapeau qui porte cette noble devise ; et il restera dans nos mémoires, entouré d'une glorieuse auréole, dont nous avons à cœur de le montrer orné, aux yeux de ceux qui seront appelés à nous succéder.

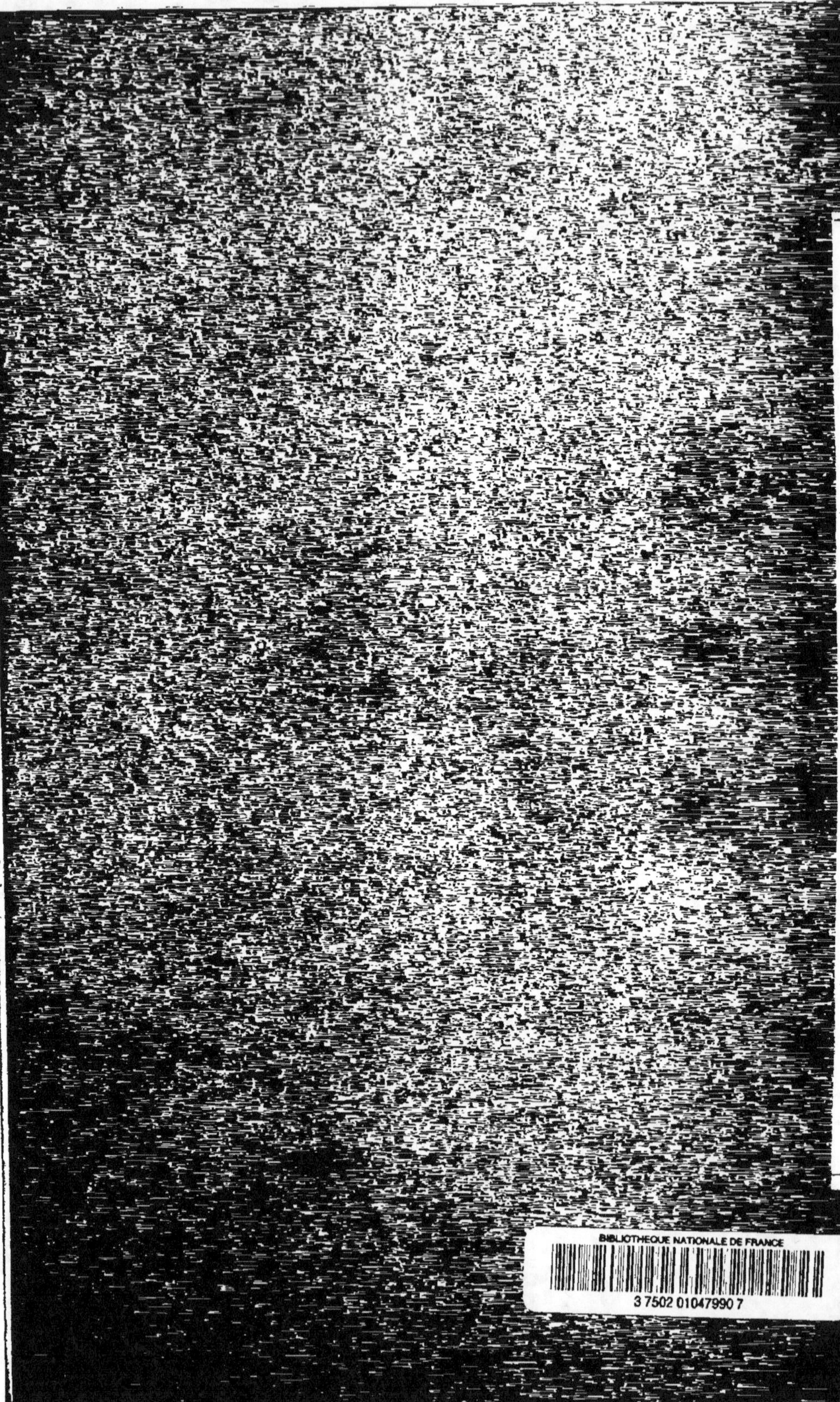

www.ingramcontent.com/pod-product-compliance
Lightning Source LLC
LaVergne TN
LVHW050349030726
842520LV00005B/2019